五千年のシナリオ・シリーズ 1

# 神の封印は解かれた

ヤワウサ カナ

たま出版

宮古島「海の神」と著者

宮古島にある「地球のヘソ・天地根本大祖神」

宮古島「ムー大陸との通路」

宇宙エネルギー「プラズマ」

天地根本大祖神・絶対神

宮古島にある「大神島と白龍神」

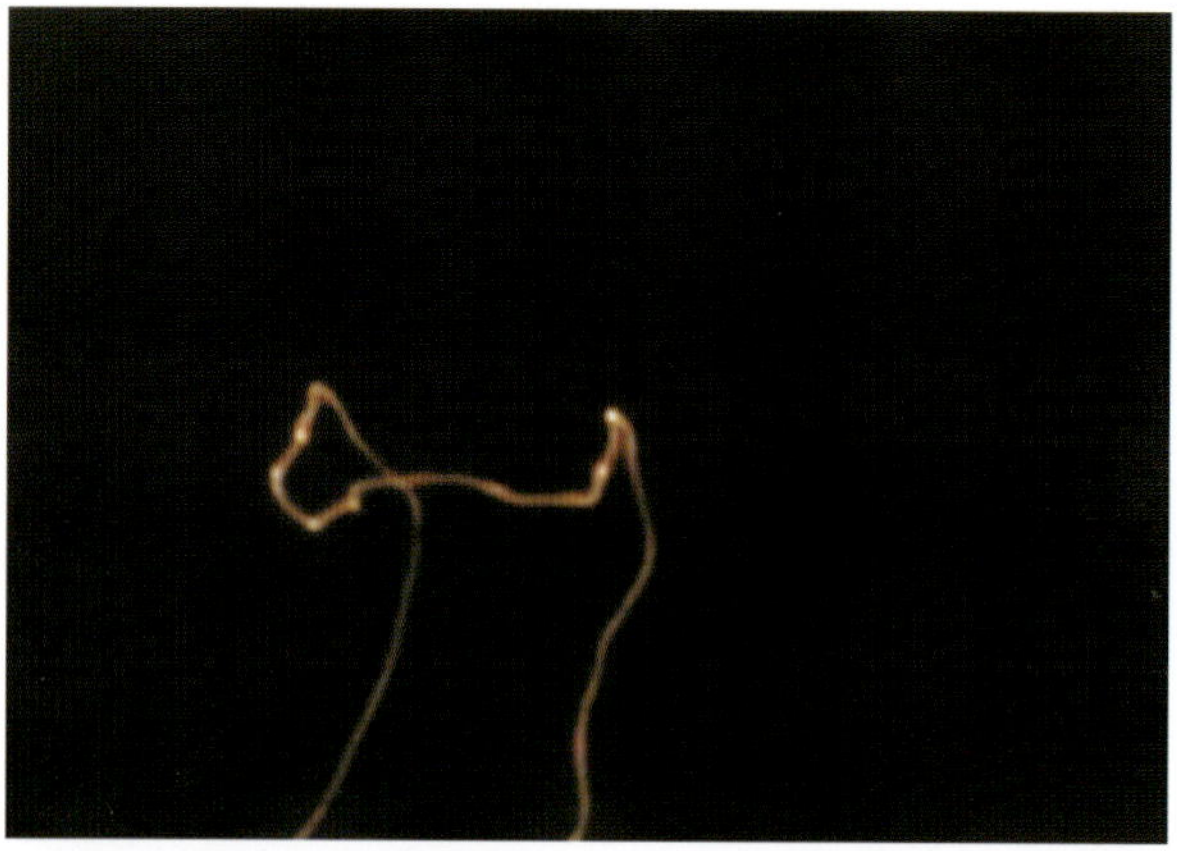

火星のエネルギー「知性」

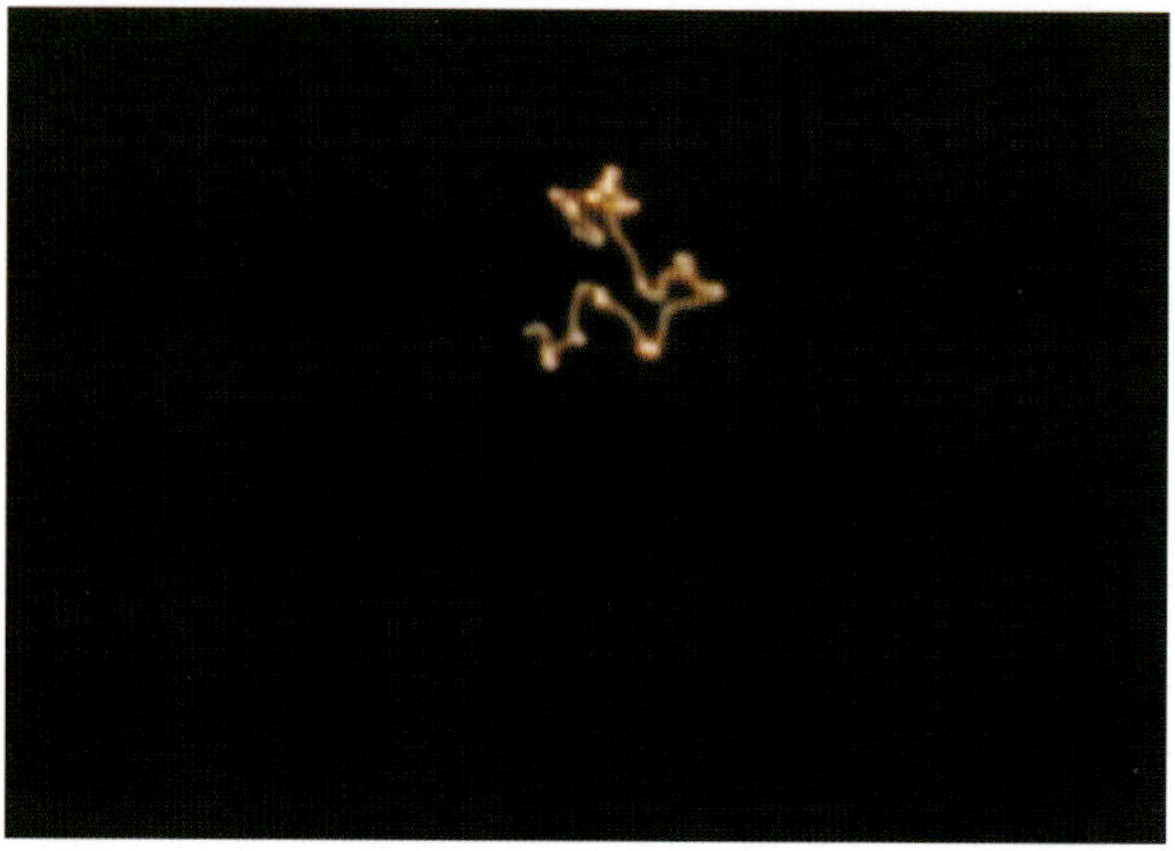

火星のエネルギー「思考」

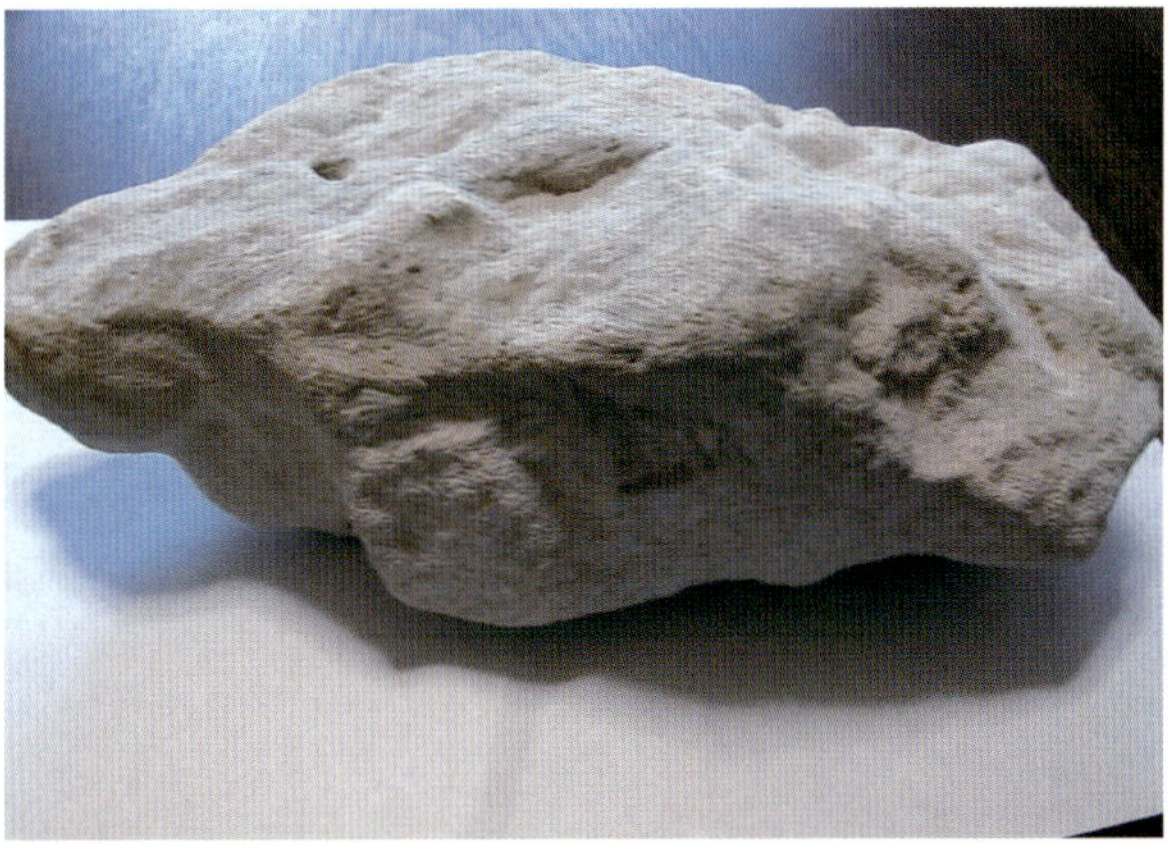

ユダヤの秘宝「アロンの杖」

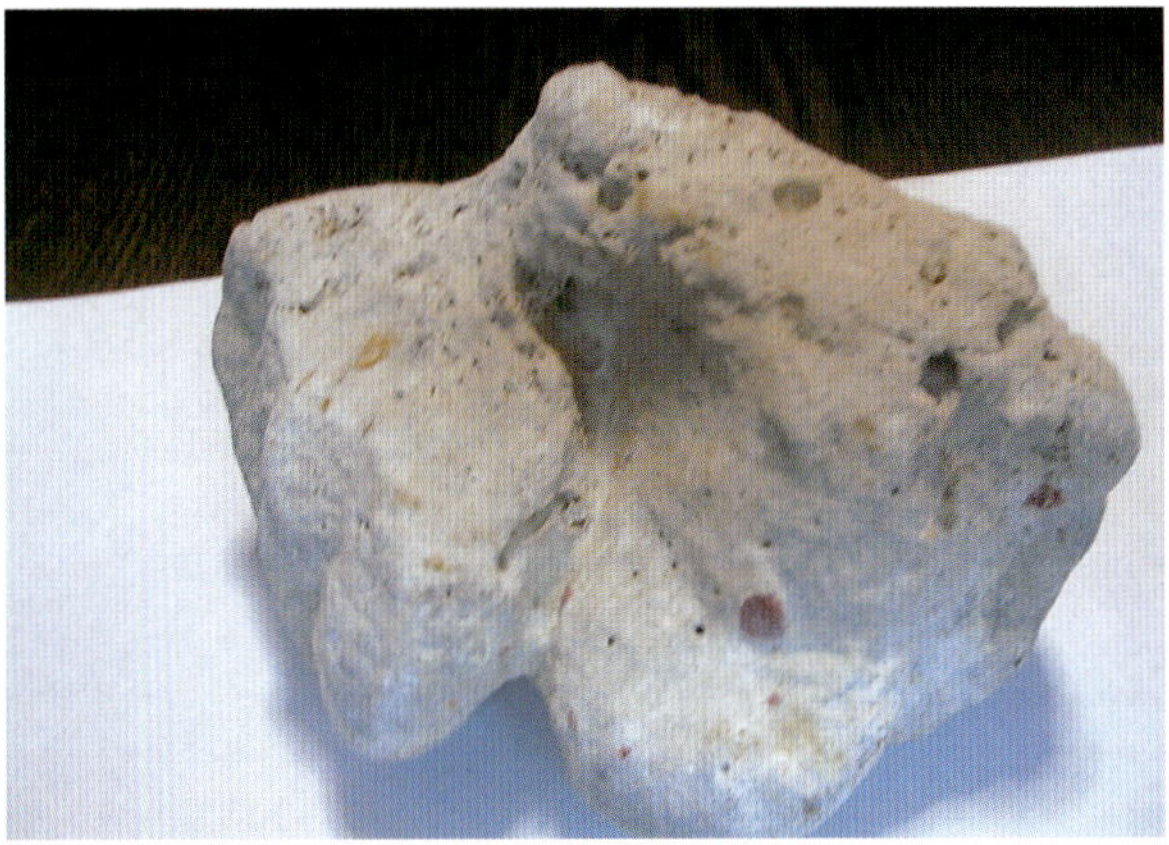

ユダヤの秘宝「アーク」

赤龍「意志」

ユダヤの秘宝「マナのつぼ」

# 神の封印は解かれた◆目次

序章

# 御《み》霊《たま》大立《た》て直《なお》しがはじまった

## 1

本格的な「御霊大立《みたまおおた》て直《なお》し」がはじまりました。神の国のある場所で、30万年間、この天のとき、大立て直しを待っていたのです。

火星人であり、ムー人であり、出雲族といわれている御霊が、平成17年、神成る年の1月19日に目覚めました。

ということは、神の国、地上天国文明の建設がはじまったということです。

また、神一厘の仕組みといわれている赤い玉とユダヤの秘法のエネルギーが発動されました。

この神の国に入るには、肉体と心と意識が高まった人でなければなりません。それは肉体（〇）に火星人の御霊（丶）を魂入した菩薩様であり、観音様です。

いわゆる神人合一された人ということです。

あなたはどうでしょうか。神の国に入れそうでしょうか。

いまこそ、なにが一番大事なのかを考え知るときです。

ミロクの世に、グレンと引っくり返り、光り輝く御世が来ようとしているからです。

でもその前に、悲鳴をあげている、いまの地球を忘れてはなりません。

このままでいくと、過去の予言者たちの予言通り、地球は破壊され、人類は滅亡してしまいかねません。

しかし、そうはさせまいと、いま、神は立ち上がったのです。

何百億年もかかってつくってきた宇宙を、地球を、このまま終わらせるわけにはいかないからです。

2

神は、こんな時代にピリオドを打とうと、期日を定められました。
それが、２００５年２月26日から２００６年８月３日までの一年半です。
このあいだに、現界の大立て直し、大立て替えが徹底して行なわれます。
神界、霊界では、すでにそれが済んでいます。
ということは、いまからのことは一厘の狂いもなく進んでいくということです。

3

神は、これまでに汚れてしまったものや場所や人などを、お流しになり、お燃やしになり、お埋めになり、お壊しになります。
そうして、まったく新しいものに入れ替えてしまわれるのです。

それは、「正真の神」しかできないと言われています。

「正真の神」は、まずは地震でもって、ことを起こされます。

いまの状況を見てください。新潟の中越地震、スマトラ島沖地震、イランの地震など、大規模な地震がつぎつぎと地球を襲っています。

それによって、多くの人々が命を失い、家を失い、傷つき、疲れ果てています。たいへんに悲惨なできごとです。

それをどう思われますか。

被災した人々は気の毒でかわいそうだけれど、自然現象なのだから、しかたないと思われるでしょうか。

神が長年かかってつくりあげてきた自然を、人間の邪欲と我善《われよし》によって汚し、無責任な心で地球環境を壊したから、神はお怒りになられたと思った人はいますか。

「神様ごめんなさい。私たちの行動が大事な自然を汚し、地球環境を壊してしまいました。これからは、考えかたを変え、心を入れ替えて生活します」

そのように反省しましたか。その人は、きっと救われるでしょう。

地震とは自分自身のこと、自分を省みない人のことをいうのです。

反省できれば救われますが、できなければ救われることはないのです。

神の御心に反している人は、いまどんなにいい家や土地、お金や車や宝石などを持っていても、すべて無駄です。

どんな宗教、会社、技術、アイディアを持っていても、すべて無駄です。

御霊大立《みたまおおた》て直《なお》しによって、汚れてしまったすべてのもの・場所・人が、流され、壊され、死んでしまうのですから、そのあとにいったいなにが残るというのでしょう。

## 4

御霊大立《みたまおおた》て直《なお》しは、まずは日本からはじまりました。

ハルマゲドンのハルとは、日本のことです。

神の封印が解かれ、真実が明かされたのです。

いまから示すことは、すべて真実にして神理です。素直な気持ちになって、読んでみてください。

そして、悔い改め、反省し、実行してみてください。


戦争、テロ、病気、地震、異常気象が、どんどん起きます。

そのなかで救われるのは、神人合一した人だけです。

神人合一した人は、多くの人が流され、壊されるなかで、奇跡的に助かり、その後に、ミロクの世に入ることができます。

5

天に一人、地に一人、わからん身魂の生来のヤマト魂の種が一粒かくしてありたのを、世にあげて、二度目の世の種にいたすは誰。この世の知らんこと、世においでなさる神にもご存知なきことであるから、なにかにつけても思うばかりぞよ。

秘密の「秘」の字は、「必ず示す」と書く。隠すことを意味するのではない。本当の秘密を誰かが解いたとき、日本は世界の神となるのである。

いつの日いかなる人の解くやあらむ。この天地《あまつち》の大いなる道。

これは、出口王仁三郎の予言です。

出口王仁三郎は、

「霊界のプログラムに従う以外に、日本を救う道はない」

と、すでに予言していたのです。

いまの日本、世界、地球環境が、どんな状態か、もう一度よく見てください。

神のシナリオを知り、宇宙の成り立ちを知ってください。

# 第1章　神のシナリオ前史

# 木星の衛星エウロパの神々が、地球征服のために侵入、天孫降臨の神アヌンナキと自称

1

神界の神々が、地球を完全統治せんがため、

地上に形ある神界、地上天国を生み出さんとする意志。

↓

神の入れもの、肉宮（肉体）の創造。

宇宙構造そのものと完全に調和した人体をつくり、宇宙と和合させる。

200億年前に、宇宙を創造。
130億年前に、神々を生み、神界天国を創造。
100億年前に、地上天国をつくらんがために、地球を創造。

地球建設の責任者として、国常立大神《くにとこたちおおかみ》を決定。
金星、スサノウ、スサナルは、国常立大神の別名なり。
国常立大神のお手伝いとして、金星より天照大神、火星より玉依姫《たまよりひめ》の2人が参加。
スサノウと天照大神の2人によって、国生み、神生みがなされた。

２

１３０万年前に、完全なる肉体の創造にとりかかる。

２０００年前に、最後の仕上げにとりかかった。

３

次ページの表は、地球誕生から２０００年までの宇宙と、それを影で操っていた神々をあらわしている。これからの宇宙、新しい御世については、次巻以降で発表する。

## ■地球誕生から2000年までの宇宙

| | | 霊層界 | 担当神 | 神の形と働き |
|---|---|---|---|---|
| カオス | | | 絶対神 | （有黒龍神　カオス・プラズマ） |
| 宇宙 | 魂 | 13次元 | 天照皇大神 | （有白龍神　プラズマ） |
| | 土 | 12次元 | 仏陀 | （有　ヘリウム　黄金龍　コスモス） |
| | 風 | 11次元 | 天之御中主大神 | （ウラン　黄緑龍　智恵　＋電気） |
| | 水 | | キリスト | （水素　オレンジ龍　愛） |
| | 火 | | 月読命 | （酸素　水色龍　未来　－電気） |
| | 空 | | スサナル | （金　赤龍　意志） |
| | | 10次元 | イザナギ | （フッ素　黄色龍　光） |
| | | | イザナミ | （ベリリウム　ピンク龍　心） |
| | | 9次元 | アダム | （プラトニウム　黄緑龍　光） |
| | | | イブ | （ナトリウム　水色龍　コトバ） |
| | | 8次元 | 天皇 | （銀　白龍　光） |
| | | | 皇后 | （銀　白龍　コトバ） |

# 4

130万年前、神は、神の姿に似た神の意志を持った人体をつくり、宇宙と和合させた。

神の姿に似せてつくられる人の肉体は、宇宙創造そのものと完全に調和してつくるのである。

このとき神は、御霊の立て替えを7回行われた。

1　植物（松、ハスの花）……タンパク質

2　鳥（鳩）……塩　……天使（魂）

3　恐竜（ネコ）……酸素

4　魚（オタマジャクシ）……ホルモン

5　爬虫類（ヘビ）……免疫

6　哺乳動物（犬）……脂肪

7　人間（チンパンジー）……アミノ酸

8　完全なる肉体

## 5

１３０万年前、人類の先祖である天王星より、秘力のエネルギーである猿神の陰陽の働きある2神が地球へ。

１００万年前、霊長類の先祖である金星より、善・美のエネルギーである蛇神の陰陽の働きある2神が地球へ。

また少し遅れて、火星より陰の働きのある12神が地球へ。

この12神は、菩薩なり。

木星より、陽の働きのある12神が、地球へ。

この12神は、観音なり。

イスラエル12部族長の夫婦、セムメーソンなり。

１００万年前、木星の衛星エウロパより、発展・科学のエネルギーであり、陰陽の働きのある４神が地球へ。

エウロパは、レインボーロッドとも、ニビル星人とも呼ばれているが、邪神である。

エウロパより、地球へやってきた４神は、ヤフェトメーソン、イエスキリスト12使徒となる。

以上の32神が、地球上の神々と協力し、助け合って、神の入れものである肉体の創造に、神力を尽くした。

そして、最終月日２０００年までは、他の神々は、地球に来てはならないと神に約束した。

しかし45万年前、木星の衛星エウロパにおいて、生物種の絶滅が進んだ。調査の結果、大気の拡散によるものであることが判明。

黄金のシールドをつくれば、大気の拡散は防げるとわかった。

そこで、地球にいた「エウロパの王アヌ」に連絡。

地球に黄金があることを知り、王アヌの決定により、地球で黄金を採掘するプロジェクトが誕生し、44万5千年前、神との掟を破り、地球に侵入。

地球にいた神々をないがしろにして、自分勝手な行動をし、自分こそが天孫降臨の神（アヌンナキ）であるとし、地球を乗っ取ろうと企てたのである。

# 堕天使ルシファーたちの悪影響を取り除くため、大日月大神は、地球上の神々を地底にお移しになった

## 1

ヤフェトメーソン、日向族、アヌンナキと呼ばれる神々は、想像を絶する科学力で、容赦なく地球上の神々である出雲族（火星人）を叩き潰し、滅ぼし、地球をヤフェトメーソンの天下とした。

ヤフェトメーソンは、最初は自らの手で金鉱の採掘を行っていた。しか

し、それはたいへんな重労働だったので、なにかいい方法はないかと、エウロパの神の一族であるエンキとニンハルザクに相談した。

エンキとニンハルザクは、自分たちにかわって採掘してくれる知能を持った奴隷の創造が良いとの結論に達し、王アヌにその旨を告げた。

王アヌは、エンキとニンハルザクの案を受け入れ、奴隷としての人類の創造を承諾した。

それは、30万年前のことであり、これは神の掟を破った大罪であった。

## 2

王アヌが、奴隷としての人類の創造を承諾したことを知った神は、激怒された。

だが、王アヌの承諾を得たエンキとニンハルサグは、地球上にいたチンパンジーと、エンキの遺伝子を混合させホモ・サピエンス（ハムメーソン）

をつくってしまった。

これよりのことを記したのが、『聖書』の天地創造、アダムとイヴの人類創造の物語になっている。

3

エンキとニンハルサグが、チンパンジーとエンキの遺伝子を混合させてホモ・サピエンスをつくるとき、人類がエンキ派に組み込まれることを恐れたエンリルは、人類に生殖能力を与えることを禁じた。

しかし、これでは非効率であるので、エンキは再び遺伝子操作を行ってイヴを創造したのである。

このエンキの二回目の遺伝子操作によって、人類の数は飛躍的に増加していった。

また、このとき、堕天使ルシファー（王アヌ）が、ヤフェトメーソン、ハムメーソンに自由を与えた。

自由を得た堕天使ルシファー（王アヌ）、ヤフェトメーソン、ハムメーソンは、それまで以上に勝手なふるまいをし、地球上にいた神々に、大きな悪影響を及ぼした。

## 4

その悪影響を取り除くため、大日月大神は、大天変地異を起こされ、地球上の神々を、地底にお移しになった。

ムー大陸、アトランティス大陸、レムリア大陸の沈没は、このときに起きたものである。したがって、大陸の沈没は、世に流布されている1万3000年前のできごとではなく、30万年前のできごとである。

このとき、地球はポール・シフトを起こしたのである。

そしてこのとき神は、邪神、悪魔の印として、エウロパ人全員にDN

A・染色体をその体内に組み入れたのである。世紀末は獣の印6、6、6があらわれるといわれるのはこのことである。

## 本物の太陽、水星、木星、金星、土星、冥王星も、出雲族と一緒に、地底に移った

1

出雲族の神々は、肉体は滅ぼされたが、意識は4次元から7次元の真実の霊止《ヒト》として残り、永遠の存在となった。

出雲族のヒトは、北極と南極の下に地底都市をつくり、力をつけて、自分たちがやられたことを、そっくりそのままエウロパ人（日向族）に対して行い、以前の状態に戻すことを誓った。

## 2

出雲族が地底都市に移ったとき、一緒に本物の太陽、火星、水星、木星、金星、土星、冥王星も地底に移った。

現在、地球から見ることのできる本物の惑星は、火星のみであり、その本物の火星は、月と呼ばれている。月と呼ばれる衛星は、本来はないのである。

現在、太陽と呼ばれているのは偽の金星であり、木星と呼ばれているのは衛星エウロパで、木星の衛星はメノラー、土星と呼ばれているのは、実際は土星の衛星レアである。誰が名づけたものかわからないが、レアのみが人間によってつけられた名前であり、レアの本当の名は「キス」（木住）という。

地底に移った本物の惑星は、2005年5月5日より、順次出てくることになる。

天王星と海王星とヤウエも、新しく出てくる。

太陽は丸くなく四角であり、地球も丸くはない。

第2章

# 「アーク」の中身が開かれて、2005年、岩戸開き成る

## 三大悪霊ひとつになりて、　日本は占領され、骨抜きにされる

1

天（4次元以上）と地（3次元）が、切り離された。
DNAも、A、G、T、Cへと細工された。
なぜ、このような状況になっているのか。
堕天使ルシファーが、「ヤフェトメーソン」「ハムメーソン」に自由を与

えたからである。

この自由によって、人類は神から離れ、悪を働く可能性が開かれた。

このときより、女性の心のなかにサタンすなわち悪魔が住みつき、神への信仰心、感謝の心が喪失し、神の子の資格を失ったのである。

2

自由を手にした人類は、本能のままに生きるようになった。その結果、悪の想いが凝り固まり、獣のようになった。

ヨハネの黙示録に出てくる獣の印、6、6、6という悪魔であるこの獣が、人類の一人ひとりの肉体のなかに、電磁波を通して入って、肉体を支配しているのである。

| DNA | 環境 | 症状 | 食べ物 | 悪想念 | 居場所 | 形 | 獣 |
|---|---|---|---|---|---|---|---|
| A（病気がち） | 放射能 | 病気・争い・事故・倒産 | ウイルスとなって神経を食べる | 邪欲 | 心のなか | 蛇（ワニ） | ヤマタノオロチ（男性のみ） |
| A（病気がち） | 活性酸素 | 病気・貧困・事故・倒産 | 黒カビになって細胞を食べる | 邪欲・ヒステリー | 心と子宮のなか（女） | カエル | 夜叉・邪鬼・サタン（女性のみ） |
| G（後悔が多い） | 一酸化塩素（フロン） | 難病・奇形児・災害 | マイナスエネルギーとなってホルモンを食べる | 愚痴・嫉妬・悪口 | 心と子宮のなか | 狐 | 金毛九尾の悪狐（女性のみ） |
| T（悲観的・マイナス思考） | 一酸化塩素（フロン） | 戦争・病気・争い・事故・災害 | 細菌となって血液を食べる | 怒り・暴力・ヒステリー | 腸のなか（男） | 鬼（麒麟） | 鬼（男性のみ） |

## 3

いま起きている不幸現象、環境は、誰のせいでもない。

すべて、自分たち一人ひとりが起こしてしまっているのである。自業自得ということに、気づかなければならない。

なぜ自分の星「エウロパ」が、生物種の絶滅に至ってしまったのか。それは、自由を与えられ、自分勝手に欲望のおもむくままに生きてきたからである。

エウロパを捨て、地球を乗っ取りにきて、その地球を捨て、今度はプロジェクト・ルシファーを結成して、木星に移ろうとしている。

そんなことを神は絶対に許さない。

## 4

新約聖書の「ヨハネの黙示録」に、次のようにある。

我また竜の口と獣の口及び偽《にせ》予言者の口より、カエルに似たる3つの汚れた3霊の出づるを見たり。これは、悪魔の霊なり。奇蹟を行う力を持つ悪霊は、全世界の各国支配者に語り、彼等をして全能の神大いなる日の戦いに集らしむ…かの3つの霊、諸王たちをヘブルの音にて、ハルマゲドン（＝日本）と呼ぶところに集めたり。

現在のロシアに発生した悪魔の総大将ヤマタノオロチとサタンは、その霊魂を分けて世界各国の君主もしくは統治者に憑依し、世界中に戦争を起こさせる悪の原動力となっている。

現在のインド地方に発生した金毛九尾の悪狐も、分霊して、主に統治者の女房にかかり、陰険なる策謀をめぐらして地上世界を攪乱《かくらん》するいっぽう、多くの眷属《けんぞく》を使って、人間の妻や娘の体に入り、誠の神の御用を致さんとする男性をたぶらかして魔の道に引き込み、世界を混乱させて潰そうとたくらんでいる。

現在のイスラエル地方に発生した邪鬼の霊は、大自在天神に憑依して、自由自在に暴れまわり、この世を地獄化するために活動を続けている。

これらの悪神や悪魔が、地上世界を乱しに乱し、我善《われよし》（自己中心）主義、暴力優先主義、拝金主義などを振りかざして、この世を地獄化させ、最終的には、国常立大神の肉体である日本列島を占領するべく計画を進めている。

これすなわち４大悪霊が、日本を骨抜きにするということである。

神界に起こったことが、幽界に投影され、地上に移ってくる。

これは、神界、霊界、幽界、現界の破壊と再生のシナリオであり、すでに出口王仁三郎が「三千世界大改造」で明らかにしている。

# この平成で岩戸開きが成るぞ、

## ミロクの世へと、引っくり返るぞ

1

　三千世界の大立て替えの「ひな型」を50年で仕組んだ、神の地上経綸代行責任者であった出口王仁三郎は、昭和22年で仕組みを終了し、昭和23年1月19日、「もう、休む」とひとこと言い残して、静かにこの世を去った。

　悪神たちも、この世がこの先どうなるかということについては、9分9厘まで知っている。

そして、世を立て直す大引っくり返しの御業「神一厘の秘策」が、世の元からの仕組みで用意されていることも、わかっている。

したがって、大本の発生以来、邪神界《ガイコク》では、あらゆる策略をめぐらし、あらゆる手段を用いて「一厘の仕組み」の妨害、破壊を試みてきた。

だが、出口王仁三郎がひな型経綸を完了したことで、「一厘の仕組み」も完成とあいなった。

その後は、どうあがいても、この仕組みを潰すことは絶対に不可能である。

## 2

平成で岩戸が成るのである。

ミロクの世へと引っくり返る。

ミロクの世の現実を目の当たりにする人の数は、すでに決まっている。世界で1億人、日本では3千万人である。

邪神は、絶対に地震などの自然災害を起こすことはできない。自然災害を起こすことができるのは、正神の神だけである。戦争、テロ、病気、事故、倒産などは邪神にもできる。自業自得だからである。

新潟中越地震のとき、邪神は謝り、改心した。そのため、正神の神は、同年11月22日より、本格的に救うべき人の選択に入った。

人類救済の準備が、開始されたのである。

## いまの人間には、神の遺伝子がなくなり、男性は「犬の魂」、女性は「猫の魂」となっている

１

地球を元に戻す準備をするために、４０００年前、大日月大神が「日の出の神」となって、いまのモンゴルに肉体をもって出現した。

その後、地球救済の使命を帯びた七福神も、同じく地球を元に戻すために、各国に肉体をもって出現した。

ダビデ、モーゼ、ヤコブ、アインシュタイン、王ニギハヤヒ、聖徳太子

などがそうである。

地底からは、イスラエル12部族の族長夫妻が出現した。彼らは、大日月大神と七福神による「地球を元に戻す」プロジェクトを手伝うためにあらわれたのであった。

2

族長夫妻が地底から出現すると同時に、各地には天変地異が起こり、ハムメーソン（いわゆるホモ・サピエンス）は滅亡していった。

２０００年前、大日月大神は、最後の仕上げとして「右脳」「御霊」「佛魂」のない腑抜けなヤフェトメーソンばかりの人間をつくった。

それは、44万5千年前に、地球人のやってきたことを再現させるためであった。

２０００年前の歴史を封印し、１２００年前の歴史を改竄《かいざん》したのである。

我善《われよし》人間、邪欲の固まりの人間が、仲間同士で殺人、戦争、病気などを演じてきた、ここ２０００年間を振り返ってみよ。

3

大日月大神は、地底の火星より、地球の犬の卵子と大日月大神の精子と遺伝子を混合して男性を創造した。

そのため、いまの男性の丹田には犬の魂がある。しかも、いまの男性の精子は頭部の働きのみで、尾部の働きがない。

左の睾丸（頭部）には、神の姿になるための精子が入っており、そのなかに、アミノ酸、核酸、タンパク質が入っている。

右の睾丸（尾部）には精液が入っており、そのなかには、右脳と御霊の働き、太陽、月、火星、水星、木星、金星、土星の働きをするものが入っている。

だが、その右の睾丸で生産されるはずのものがなくなってしまった男性が多く、男性はいまや女性化しているのである。

4

女性は、地球の猫の精子と大日月大神の卵子と遺伝子とを、混合して創造した。そのため、女性の丹田には猫の魂が宿っている。

子宮は、本来は「力の湧き出る泉」である。

だが、最近の女性の子宮には、蜜、ロイヤルゼリーのもとである酸素、塩素、マグネシウム、亜鉛、ゲルマニウム、モリブデン、金などが入っておらず、「生命の水」である乳、ミルクのみである。

その「生命の水」も、いまは真っ黒な「死の水」である石油と化している。

そんな変化のなかで、最も恐ろしいのは、神の血である「ミトコンドリアＤＮＡ」がなくなってしまっていることである。

これらの地上的な原因は、フリーセックス、たばこ、酒、薬である。

生まれ出るときよりの奇形、難病、奇病は、そのあらわれである。

「人間は動物の一種」と言われるようになったのは、男性の丹田における「犬の魂」と、女性の丹田における「猫の魂」のせいなのである。

いま、日本の家で、いちばんよく飼われているのは、犬と猫である。

しかも、いまの犬は猫と同様、家のなかで飼われていることが多い。

食べもの、着るものまでも、人間並みになってきている。美容院に行く犬や猫はいまや珍しくなく、死ねば葬式から、はたまた戒名までつくという始末である。

## 5

２０００年間は陽の働きのみ（物質・肉体）で、陰の働き（反物質・右脳・御霊＝魂）は切り離されていた。

## 地球再降臨の10神は、西日本で新グループをつくり、
## ２００５年までに、世界は３次元から13次元となる

1

２００５年３月３日までに、宇宙は３次元から13次元となった。
それについては、次巻で詳しく発表しようと思う。
２００５年５月５日には完全になった。
人間も「神魂、佛魂」が入ると、それまで不可能だと思われていたこと

が可能になり、思ったことが叶ってくる。

魂は原子と分子から成り立っていて、働きが違う。
魂は、2000年前に変えられているから、男は銀の魂でなければならないのに、犬と同じ水銀の魂となってしまっている。
女は、銀の魂でなければならないのに、猫と同じ塩素の魂となってしまっている。

いまの人間の99・999パーセントは、エウロパ人であり、ヤフェトメーソンである。

自由を与えられ、我欲のままやりたい放題となり、神や佛から離れ、腐った人間になってしまったのである。

どうしたら元の魂に戻ることができるのかは、後に記す。

## 2

木星の衛星、メノラーの歴史の一端を記す。

8万年前、発展と経済を担当する神の命令で、「十種の神宝」と言われている陰陽の働きのある10神が、地球へと降臨した。これも、地球を元に戻すためであった。

しかし、地球には悪の力が充満していて、その力があまりにも強かったので、陰陽の働きのある10神は、すぐにメノラーに戻り、ときを待つことにした。

そうして、いまから2000年前、日本のいまの大阪へ6神、アメリカへ4神が肉体をもって出現した。

日本のいまの大阪に出現した神は、やがて三菱グループなどをつくり、現在は、アメリカに出現した神とともに、姿を変えて西日本で経済を操っている。

8万年前に、ひとたび地球に降臨し、そのあとメノラーに戻り、長らくときを待ち、2000年前、再び地球に降臨した10神は、いま日本の西側で、新しいグループをつくっているのである。

# 第3章

# 明治天皇の入れ替わりで、神のシナリオは狂った

# 長州藩擁立の南朝末裔の即位により、国常立大神、大日月大神が、日本に送り込まれた

## 1

ムー大陸ともアトランティス大陸とも呼ばれているものは、じつは大陸の名前でもあるが、意識の次元の名でもある。ムーの意識とアトランティスの意識という。

全宇宙を支える３本柱を記すと、次のようになる。これはすでに魂の本質として、あるいはユダヤに伝わるカバラ神秘主義として、その一部は明

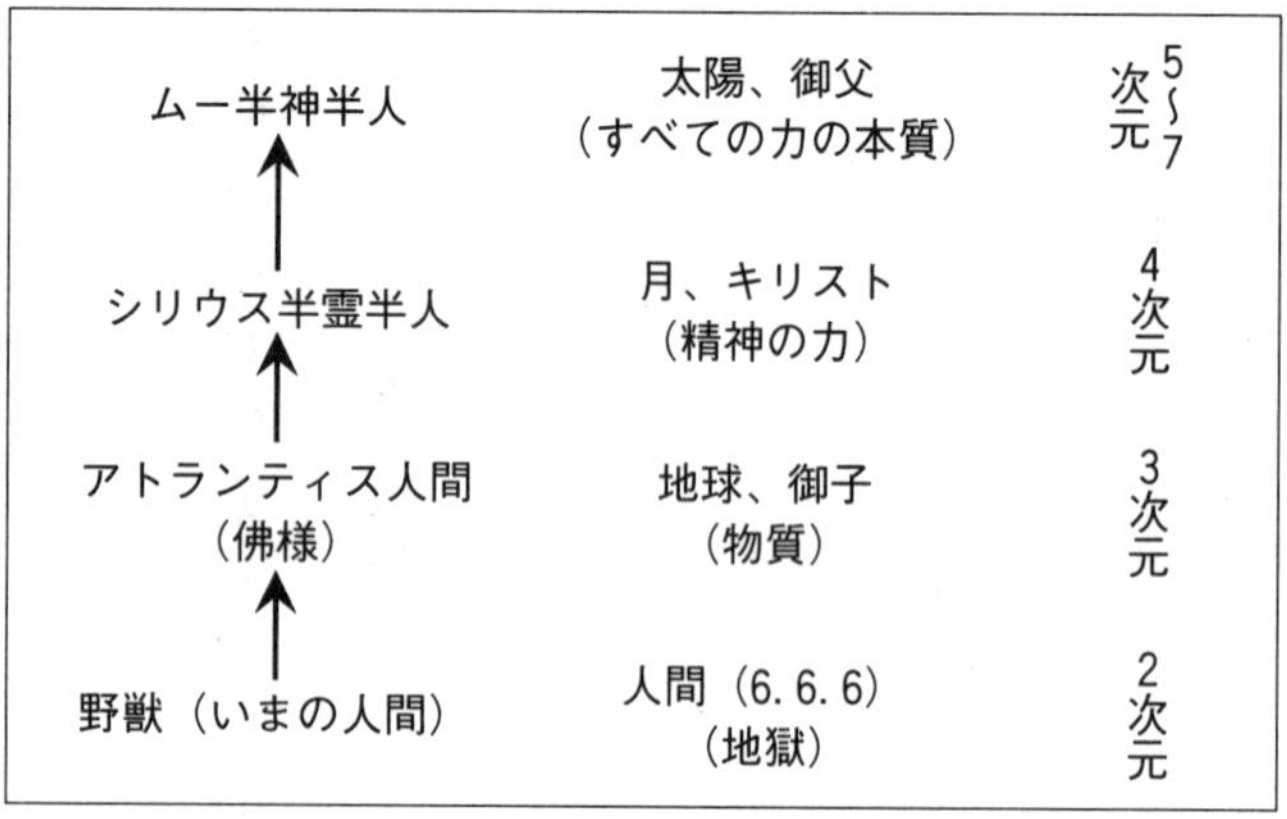

| | | |
|---|---|---|
| ムー半神半人 ↑ | 太陽、御父<br>（すべての力の本質） | 5〜7次元 |
| シリウス半霊半人 ↑ | 月、キリスト<br>（精神の力） | 4次元 |
| アトランティス人間 ↑<br>（佛様） | 地球、御子<br>（物質） | 3次元 |
| 野獣（いまの人間） | 人間（6.6.6）<br>（地獄） | 2次元 |

■アセンション（意識向上）図

らかになっている。

イエスキリストの意識（4～6次元）は、地底の火星に閉じ込められていた。

アトランティスからムーへと至る人類の創造の記憶は、もうまもなくそのすべてがよみがえる。

アセンション（上昇）とは「意識」の変化である。

2

## ■2000年前までのエウロパの神々（アヌンナキ）

| | | |
|---|---|---|
| 神界 | | 大日如来半神半人（龍神） |
| 天の国 | 上…神界 | 管理者半神半人（如来、菩薩、観音）（龍神） |
| | 中…佛界 | 指導者半霊半人（如来、菩薩、観音）（龍神） |
| | 下…佛界 | 救済者人間（佛様）・イエスキリストの意識 |
| 中有界 | 上…佛界 | 救ってほしい人 |
| | 下…佛界 | 幸福になりたい人 |
| 人間界 | 地獄 | 野獣 |

２００６年８月３日までに、「中有界」にまで意識を上げなければ、地球上に生き残れない。

神の計画は、明治維新による新しいミロクの世界への移行であった。そのことにより、地球を元に戻し、神の子を復活させることであった。しかし、明治維新の途中で、予期していなかったことが、突如、起きてしまったのである。


有栖川宮熾仁《たるひと》親王は、明治維新の中心人物と言われた人であり、孝明天皇の妹である皇女和宮と結婚したが、皇女和宮は、朝幕関係を融和するために、徳川家茂へ降嫁するように幕府より求められたとされている。

このとき、孝明天皇は皇女が幼少であることなどを理由に拒絶したが、岩倉具視の献策をいれて、攘夷鎖国の実行を条件に降嫁を勅許したということになっている。

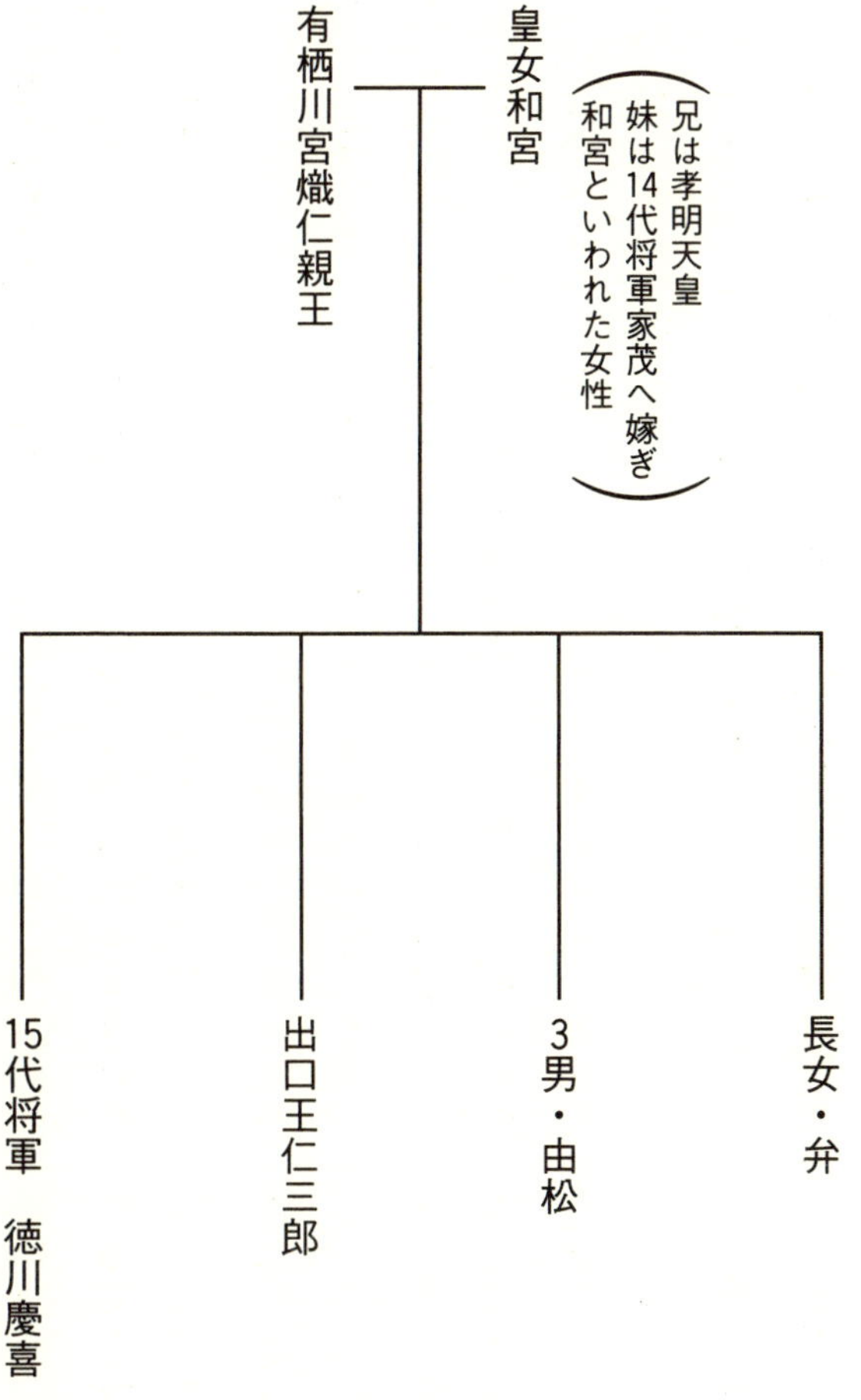
皇女和宮
（兄は孝明天皇
妹は14代将軍家茂へ嫁ぎ
和宮といわれた女性）
有栖川宮熾仁親王
長女・弁
3男・由松
出口王仁三郎
15代将軍　徳川慶喜

神の明治維新のシナリオは、世を立て直して、次の世をミロクの世にするために、有栖川宮熾仁親王が、まずは孝明天皇を毒殺し、さらに幕府を倒すという筋書きであった。

通説では、鳥羽・伏見の戦いの後、東征大総督府が置かれ、その大総督に有栖川宮熾仁親王が任命されることにより、薩摩藩、長州藩を主とする軍が、官軍となり、菊章旗（錦の御旗）を得て、明治維新を成し遂げたということになっている。

神のシナリオでは、有栖川宮熾仁親王が幕府を倒したのちに、神の定めたスメラミコト熊沢天皇を、それまでの朝鮮半島出身の天皇にかえて、日本の天皇とし、ミロクの世に移すというものであった。

有栖川宮熾仁親王が東征大総督に着任することにより、幕府軍は壊滅したが、長州藩が隠していた南朝末裔の大室虎之祐が突如出現し、明治天皇（＝サタン）として即位してしまったのである。

神々は、シナリオにはなかったこの明治天皇の出現により、日本を乗っ取るヤマタノオロチの力の強さに驚き、急きょ、出口王仁三郎が10歳のときに、国常立大神を応援に、大日月大神が入魂され、立て替えの仕組みを行った。

神々は、それを次の立て替え、立て直しの仕組みとし、ときを待つことにしたのである。

# 楠正成が書いた聖徳太子著『未然記』は聖書、『未来記』はノストラダムスの予言と同じ

1

## 1999年11月17日のご神示

ついに世界をひとつにするときが来た
いまからの言葉は、「絶対神の言葉」として聞きおけ

2005年
まずはじめに、日本を潰す
日本という国家がなくなる日は近いぞ
よってこれからは、良くも悪くも、
とんでもない世界を生きていくことになるであろう
西はロックフェラー、東はロスチャイルドが買え
その後、必要な会社を買い取れ
人間管理時代に入る

2

**2004年11月5日のご神示**

駆け抜ける大地、吹き抜ける風

荒れ狂う大雨、すばらしき太陽
神にお詫びし、感謝できるようになれば、救ってあげよう
決して人からではなく、自分で気づくことのできた者だけ
（人からでも、素直に聞けるものはよしとしよう）

ああ、すばらしい日本よ
世界は滅びる
日本人よ、いま気づける者、立ち上がれ
光は、先に2つあるぞ
神からの光と、悪からの光である
どちらが、ほしいか
それは、いままでの行いと、これからの行いにより決す
明るい未来、暗い未来、もうすでに分けられている

だが、最後のどんでん返しもあるから気をつけて

## 3　2004年12月20日のご神示

奥底に眠っているものが、復活する
いままで良いことをやってきた人は、良いほうに復活
いままで悪いことをやってきた人は、悪いほうに復活
だから、いまから生き様の逆をやらされる
自分で反省して、気づけなくて、周りのせいにしたり
自分は悪くないと逃げてばかり、責めてばかりで
省みない人は、とんでもないことになる

4

日本の歴史は、過去に少なくとも3回大きく編纂し直され、そのときの改竄《かいざん》により、重要な部分が隠され、封印された。

3回の大編纂および改竄の時期と、改竄による重要な事実の封印部分を、3度目に限って、明らかにする。

①2000年前〜A.D.600年

聖徳太子（＝物部守屋であり、楠正成）が封印、編纂し、すべてわからなくした。

②A.D.600年〜A.D.900年

聖徳太子の指示により、天武天皇、持統天皇、藤原不比等らが改竄した。古事記（50％正しい）、日本書紀（30％正しい）をつくらせた。

③Ａ.Ｄ.９００年〜Ａ.Ｄ.１２００年

楠正成が編纂した。

聖徳太子が、百代に渡る世の治乱を見通して著したとされる『未来記』と予言の書『未然記』は、同一人物である楠正成が書いたものであるともいえる。

その『未来記』はノストラダムスの予言、『未然記』は聖書と、基本の部分は同じである。

『未来記』『未然記』は、聖徳太子と同一人物である楠正成が書いたものだが、聖徳太子は、その他にもいろいろな人の名を使って、外国の歴史の編纂、改竄を進め、重要部分については封印した。

この隠された真実、神理が、いま明かされた以上、もはや誰がどうあがいても、大立て替えは止めることはできない。
日本中に仕掛けたものが、いっせいに動き出すことになる。

# 第4章

# 5度の岩戸閉めを一度に開くときが来た

# 神仏の順を間違えるでない。

## 仏魔渡り来て岩戸が閉められ、暗闇の世となった

1

30万年間、封じ込められていた正神の神々が、天のときが来たいま、岩戸を開いた。いまだかつて人類が想像しえなかったことが、これから起きるのである。

岩戸開きのびっくり箱の蓋が開いたとき、すべてが逆になる。

逆法が正法に。
霊的支配者が、霊的奴隷に。
金持ちが、貧乏人に。
徳積みの貧者が、王に。
病める者が、真実を知る勝利者に。
そして、すべてが新たになるのである。

日月神示には、次のように記されている。

大きく分けて5回にわたり、
岩戸閉めが行われて、
神の国の威光は完全に閉ざされてしまっていた…。

その結果、すべての日本人は、悪の仕組みにより、魂をすっかり曇らされてしまい、霊的には悪魔の支配する獣性人間となり果ててしまった。

## 2

イザナギ、イザナミの命《みこと》のとき、ナミの神が火の神を生んで黄泉国《よみのくに》に入られたのがそもそもであるぞ…。

このことは、これまでに明らかにしてきた正史を見れば、自ずとわかることである。

いまから30万年前、エウロパが、神の掟を破って、サルとの混合人ホモ・サピエンスを誕生させた。

そのとき、イザナギとイザナミの命は、神の肉宮を完成させる途中であったが、地底へと移ってしまった。

そのため、いまの人間の肉宮は、未完成のままなのである。

6万本なくてはならないDNAが、3万本しかないのは、そのためである。ヒトの魂は、菩薩と観音でなければならないのに、犬とネコの魂であるのは、そのためである。

## 3

天照大神のときには、大神はまだ岩戸のなかにいたのである。

アメノウズメの命が、騙《だま》して岩戸を強引に開けさせ、そのことによって出てきた天照大神は、偽物であった。

いよいよとなって、マコトの天照大神は、お出ましだぞ。

天照大神は女性となっているが、本物は男神である。

御名を、天照皇大神と申しあげる。

２００５年１月19日、地底よりお出ましなされた。

天照皇大神が、「御霊・有脳」の役神であらせられる。

天照皇大神がお出ましになられ、これまで切り離されていたものが、すべてはじめてつながるのである。

本物の神の子の肉宮が、ようやく完成するのだぞ。

## 4

国常立大神は、すべての罪を着せられて、根の国に追いやられた。

その国常立大神とは、スサナルの命のことである。

スサナルの命は、スサノウとよばれ、粗暴なりと言われた神だが、本当は地球を生み、地球の修理固成をし、国を生み、神生みをした親神である。

しかも、国常立大神は女神であるので、スサナルの命はもまた、女神である。

国常立大神は、親神なるがゆえに創造主でもあり、いまからの立て直しの総大将でもある。

総大将は、スサナルの命
雨の神は、地上姫
風の神は、木花咲耶姫《このはなさくやひめ》
荒の神根は、金山姫
岩の神根は、岩之神
地震の神は、黄陀流姫《おおだるひめ》
以上の神々により、大立て直しが行われる。

## 5

神武天皇の岩戸閉めは、御自ら人皇を名乗り給うより他に道はなきまでの御働きをなされたからであるぞ…。

2000年前、最後の熨斗《のし》替えに取りかかったとき、立て替え役として使われた神で、神倭磐彦命《カミヤマトイワレヒコノミコト》といわれる男神である。

## 6

仏教とともに、仏魔渡り来て完全に岩戸が閉められて、暗闇の世となったのであるぞ…。

本来、仏教というものはなく、みな神道なのである。

聖徳太子の「十七条の憲法」が今までの神の教えの道である。

その他、すべての教えは編纂、改竄されたものである。

ミロクの世は、まったく新しい教えとなるであろう。


神があって、仏がいるという順番をまちがえてはならない。

空海が、中国より仏教を持ち帰り、広めた。

その空海の教えを、日蓮、親鸞、一遍聖人らが乱し、だんだんに自分の都合の良い教えとし、わけのわからない仏教にしてしまったのである。


因果応報の法則などはない。

因縁は4大悪魔の仕業《しわざ》である。

3次元と4次元が切り離されていたのであるから、死んで霊界へ行った人はいないのである。

生き様の悪い人は、２次元、地獄界であるが、生き様の良い人は、３次元で修行をし、東日本に生まれていた。

## 罪を犯せし者、平成元年から10年までに、
## 生き様良き人、17年までに生まれ変わっている

1

天変地異の後、神はスサノウの肉体である「東日本」以外を、邪神界《ガイコク》、幽界《ガイコク》とし、死んだ後は、生きていたときと同じところへ生まれ変わるようにされた。

そのため、修行がたいへんなので、生まれ変わる前に幽界を脱出して、住みやすい日本へ来るようになった。彼らは、自分と同じような想いの人

のなかに、電磁波を通して入り込み、その人を操っているのである。
いまは東日本の人たちも、この4大悪魔に乗っ取られているので、このような状態になってしまっている。

## 2

同じ家系に生まれ変わることは、絶対にない。
また、先祖が子孫の体のなかに入ったり、悪いことをしたりすることもない。

先祖供養、お墓は無意味である。
ましてや3回忌、50回忌、100回忌など、とんでもない。
これこそが、魔の仏教の教えである。
しかし、祖父母、父母を敬うことは大事である。

## 3

２００６年3月3日以降は、土星のリングが幽界になるので、死んだら土星に行き、魂の清まった順に自分の惑星に帰り、どこかの国へ生まれ変わるのである。

大正元年から昭和63年（平成に変わる前）までに生まれた人は、44万5千年前エウロパから地球へ移って来た1億人の人たちである。

そのときの状態を、そのまま実現させてきたのである。よって、反省し、改心しなければならない。

もっとも、罪を犯してきた人たちは、平成元年から10年までに生まれている人であり、生き様の良かった人は、平成11年から平成17年までに生まれている人で、火星人である。

未来の子であるこの子どもたちに、いま親はなにをしてあげているか。生き様の良かった人たちは、エウロパ人にひどい目にあった出雲族の人たちである。いままた同じことをしていないか。

「子どもたちよ、ありがとう、ごめんなさい」と、親や大人たちは子どもたちに言わなければならない。

「子どもは、下だから」とか、「子どもは、親に逆らうな」などという考えかたは、いますぐにやめることだ。

そういう考えかたをしている人は、老後苦労することになる。

それが、いまの世の姿である。

子が親を殺し、親が子を殺し、他人に殺されるのはかわいそうだ。

だが、因果応報はない。ましてや霊界の写し鏡なんてない。自分で不幸な現象をつくっているのである。

前世で人を殺したら、今世でその人に殺される、などということは、ありえない。偶然もない。なぜならば、4次元界以上の霊界は、切り離され、封印されているからである。

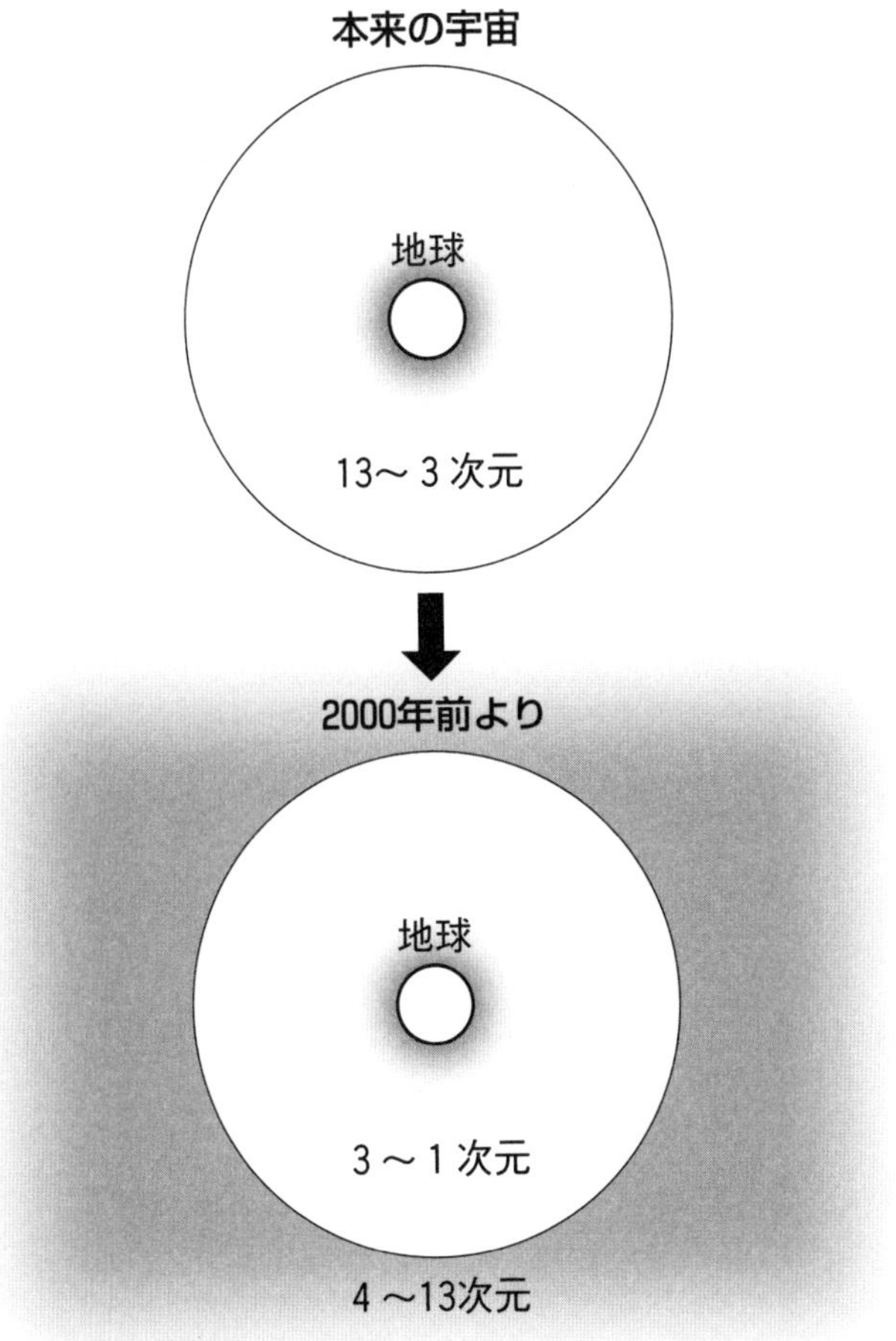


| | |
|---|---|
| ３次元……現界（肉体・魂） | ２次元……地獄２、３丁目 |
| ２次元……地獄１丁目 | ２次元……極寒地獄４丁目 |

# 第5章

# 気づき、直した者と子どもには、未来がある

# 気づき、直せば、先がある

## 1

殺されて、しかも犯人がわからずじまいであるような人は、よほど悪いことをしたか、された人である。

いまのテレビを見ていて、「私には関係ないわ」と思っている人。そういう人が、知らず知らずのうちに人を傷つけている。

少しでも「心当たりがあるかな」と反省している人は、救いようがある。だが、自分のことは棚に上げすぎていると気がついたときには、八方塞がりになり、一人で苦しむことになる。

そうなりたくなければ、まずは子どもに「いままでごめんなさい」そして「ありがとう」と心のなかで言おう。それができたならば、次に口に出して言うようにし、子どもへの感謝を、きちんと表現することである。

そうすることによって、老後、子どもに仕返しを受けなくなる。これができている家族は、親子関係が落ち着き、楽しくなる。

暗い人生を歩まず、明るい人生をつかむためには、家族から幸せになることである。

いまの周りのできごとを戦争ととらえ、まず家族間の戦争を止めよう。そうすることによって、周りの戦争がなくなっていく。

2

弱い者いじめをしていないか。弱い者いじめをして成り上がって、偉くなった人は、これからは危険である。

一生懸命地味にやっていて、いつもバカを見てきた人は、これからは良くなるだろう。

これまでは仕方がなかったと思っている人は、いまから変えていけば良いのだ。気づいたときに直すことのできる人は、立派である。

大人になってからの切り替えは、とても難しい。でも、そこをがんばって、やり直すことができたならば、先がある。

それでも気づかない人は、救いようがないのだ。自業自得と言わざるをえぬ。どうなっても知るところではない。

この世のなかは、反省をして切り換えることができる。反省しない人は、自分に甘えて、周りのことを省みない人だ。

自分勝手の人は、気をつけるように。そのままでは、寂しい人生を送ることになる。みんなに見離されてしまう。楽しい人生を過ごすのなら、みんなと仲良く助け合い、一人ひとりのできることをやり、和をもって働くことが大切なのである。

## 3

神の国は、神しか入れない領域である。だから、入りたくても入れない。ところが、その入れないところに入ってしまうということが起きる。じつは、それは少しも不思議なことではないのである。ただ、神か人か獣かという差だけなのだ。

獣が吼えれば吼えるほど、墓穴を掘ることになる。これは、自分で言っていることで、周りの人が不愉快な気持ちになっている証拠である。だから、言葉は恐いのだ。怒る必要はない。用が終わったら、いらない、関わらないということになるから、それでもしつこく来る人は罰してやれば良いし、もう二度と敷居をまたぐなといえば良い。それでも周りの人が許せば、自分は出てくれば良い。

威張る時代は終わった。

天下を取りたいのなら、頭を下げ、下に見せかけて、天下を取ることだ。それでこそ、上になれるのである。

明らかに見苦しい行動は、まわりから見離される。それも、なにも言わないままの寂しい別れになってしまう。

## 4

そのときに、まわりを責めるのか、なにかいけないことをしたのかと反省するのかで、これからの付き合いかたが変わるのである。

人を思いやることを大切にしなければならない。思いやりのやりかたをまちがえないように注意することが必要なのである。

ひとりぼっちになるときは、自分の行動をいま一度見直すときが来ているということである。

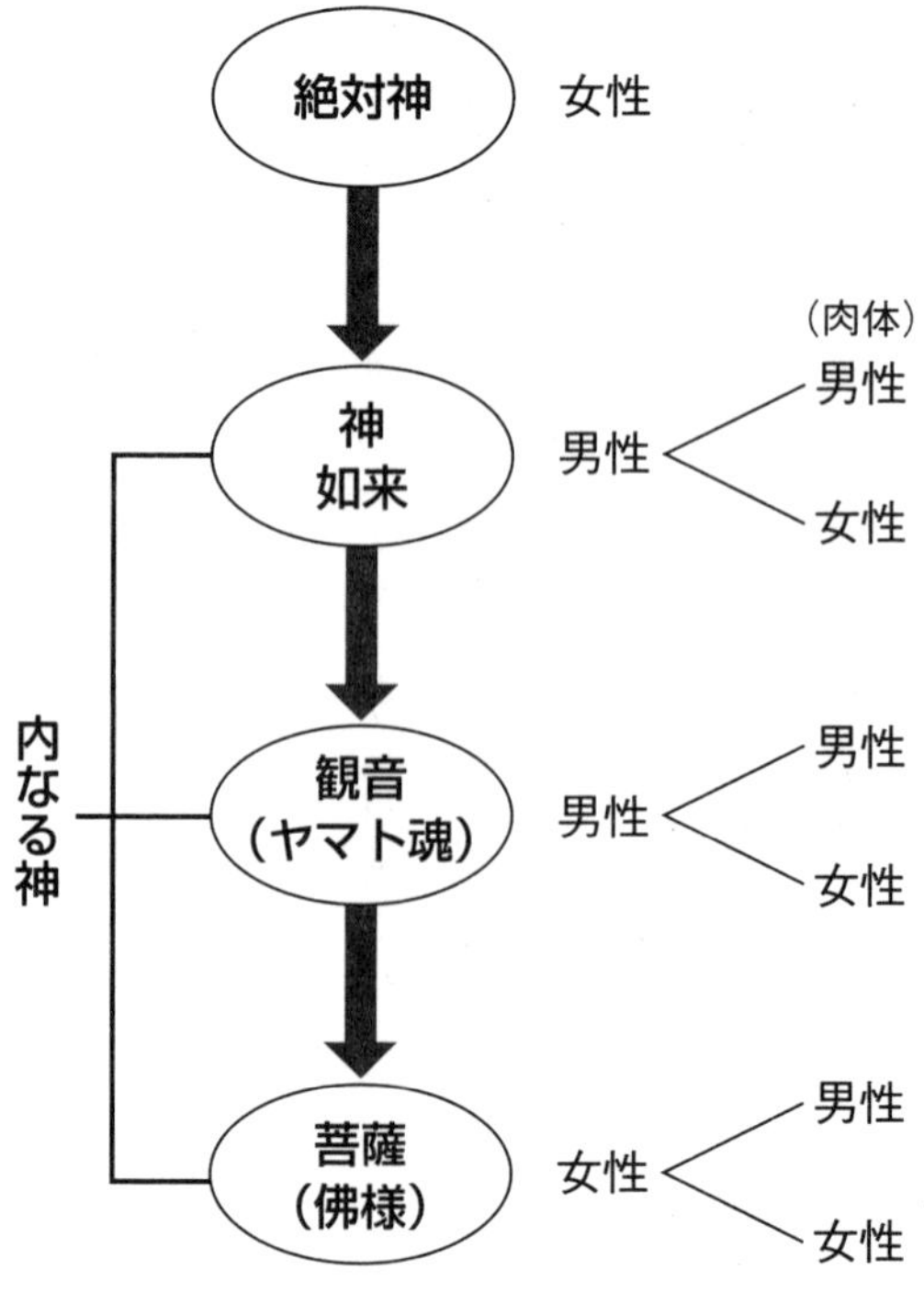


宇宙の法則は「神主」にすることのみ（内なる神）

# 未来を開く、未来ある子どもたちよ

## 1

子どもは母親でないと癒せない、育てられない。こんな大事な仕事があるのに、なにもやらず、気づかない母親が多い。

それどころか、子どもを責めてばかりいる親は最低である。叱った後は、必ずフォローする。そのことが大事だ。

子どもには、話をすれば分かる。子どもだから、まだ小さいからと小馬鹿にしている親は、子どもが親になったときに、その子どもから馬鹿にされる。大事にしてもらえない。それは、じつは自業自得なのである。

親から先に、子どもを大事にする。それが第一であり、親にとっての最も大切な務めなのである。それを怠っていながら、子どもを叱ったり、子どもに多くを求めたりするのは、おこがましい限りである。

家庭がうまくいっていないのは、ほとんどが親のせいである。子どもが悪いのではなく、母親が悪いのである。家庭の幸せは、母親次第である。

## 2

赤ちゃんの前頭部に、「ヒヨメキ」という部分がある。これは、大千門、ソフト・スポットとも呼ばれていて、ここに指先を当てると、直接脳に触れることができる。

赤ちゃんの頭蓋骨は、まだ完全に閉じられていなくて、割れ目があるということなのだ。赤ちゃんの心も、頭蓋骨と同じように未完成である。

ヒヨメキが閉じるのは、生後3ヶ月のころである。そのとき、光の凝集体は安定して、心がはじまる。

恐ろしいのは、頭蓋骨が閉じる生後3ヶ月目である。その時期に、赤ちゃんの脳の働きが決まってしまうのである。

「三つ子の魂百まで」という言葉があるが、それはこの3ヶ月目のことをいうのである。

赤ちゃんは、まだ喋れないし、見えないし、聞こえてもいないようだから大丈夫、なんて思っていると、取り返しのつかないことになってしまう。子どもは、お腹のなかにいるときから、全部見て、聞いて、感じているのである。

性質が決まるのは、3年目である。性質は、良くも悪くも死ぬまで無意識のなかにずっと存在し、母のすべてを意識している。

そのため、子どもの問題の解決策は、母のなかにある。母を見れば、子どもの問題の解決策がわかるのであり、母親の愛でしか、根本的な子どもの問題は解決できないのである。

生まれて6年で性格が決まり、9年で人格が決まる。いまの子どもの事件は、子どもの小さいときの育てられかたによるところが大きい。

自分の老後、未来を幸多きものにしたかったなら、子どもを一生懸命に育てることだ。肝心なのは9年目までであり、たった9年なのである。

未来ある世界をつくるためには、未来ある子どもたちを。

それには、母として、妻として、女として次ページの図のような本質を知らねばならない。男性も、父として、夫として、男として、同じく次ページの図のような本質を知らねばならない。

**男　性**

**男として**

| | |
|---|---|
| 陽の働き | 石 |
| 縦の働き（外に向かう） | 石 |
| 智恵 | 睾丸（左）精液 |
| 数霊・音霊 | 睾丸（右）精子 |
| 骨格 | 石 |
| 神経（プラーナ） | 石 |

**夫として**

| | |
|---|---|
| 陰の働き | 水 |
| 横の働き | 水 |
| 教え | 睾丸左 |
| 真 | 睾丸右 |

**父として**

| | |
|---|---|
| 陽の働き | 石 |
| 縦の働き | 石 |
| 弥栄 | 睾丸左 |
| 権利 | 睾丸右 |
| 剣 | |

男性器が受け取る（のど佛様と通じている）
※20歳までの子どもは親から受け取る

**女　性**

**女として**

| | |
|---|---|
| 陰の働き | 水 |
| 横の働き | 水 |
| 知性 | 子宮 |
| 言霊・色霊 | 子宮 |
| 肉体 | 水 |
| 血液 | 石 |
| 意志 | 石 |

**妻として**

| | |
|---|---|
| 陽の働き（ひまわり） | 石 |
| 縦の働き | 石 |
| 理性 | 子宮 |
| 愛 | 子宮 |
| 霊力 | 子宮 |
| 秘力 | 子宮 |

**母として**

| | |
|---|---|
| 陰の働き | 水 |
| 小宇宙（生命の水） | 石 |
| 横の働き | 水 |
| 教え | 石 |
| 未来 | 石 |
| 意識 | 子宮 |
| 鏡 | 水 |

子宮が受け取る（心の佛様と通じている）

※石＝山、水＝海のこと。その場所のエネルギーから取れるということである

# 第6章　女体の神秘

# 女体の神秘（天成る道）

## ～ただし神人合一した女性のみ

1

男女の交わりは、天地の交わりを代行するものである。よって、宇宙にあるものすべてが、わが身に具《そな》わるばかりか、体内で新たに万物を造成しうる力を持っている。秘めごととは、じつはそのことを言うのである。

女性の子宮は小宇宙といわれ、永遠にして根源的なエネルギーであるシャクティの湧き出る泉である。

シャクティは、人間界はもとより、自然界のあらゆる活動の源泉であるので、腐敗してしまっているものを再生する力を持っている。

生体細胞の新陳代謝機能の元になるタンパク質、アミノ酸、生体情報を保持・伝達し、ホルモン、酵素を生み出す元でもある核酸。母親からのみ子孫に受け継がれるミトコンドリア、ＤＮＡ。こんな大事なエネルギーを持った子宮を、女性は持っているのである。

だからこそ、女性はきれいになり、佛様にならなければならないのである。

2

男根はかき混ぜ棒である。

これまで封印されていた右の睾丸の精子には、太陽（キ＝意識）、月（生命力）、火星（知性）、木星（弥栄）、金星（真）、土星（権力）の働きが入っていて、右脳と御霊の働きを促す。

女性は、男女の交わりによって、そのエネルギーを受け取るのである。

子宮のなか、右の卵巣に言霊が仕掛けられている。

また、乳（ミルク、生命の水）はタンパク質をつくる元であり、蜜（ロイヤルゼリー）は左脳の働きを良くするものである。

神秘的な力を生み出す女性の力を借りなければ、男性は霊力をもらえない（性的創出力）。

お互いの血液をきれいにする。

霊衣（オーラ）は、交接のみによってつくられる。

女性の脳の働きは足である。

・左足↓右脳の働きを良くする（大腿静脈）

・右足↓左脳の働きを良くする（大腿動脈）

女性のふとももは、肉体の水分を子宮の蜜に変える働きをする。また、母乳の出を良くする。

子宮は心とつながっている。

3

交接時のディープキスは、お互いの血液をきれいにする。

交接時に、男性が女性の耳を吸う。
・左耳→太陽のエネルギー（キ＝意識）、生命力、愛、真
・右耳→月のエネルギー（生命）、理性、知性、弥栄

交接時に男女が互いの息を吸う。
・霊衣をつくる
・お互いの体のなかのバランスを取り合う
・2人の息を合わせる

交接時に男性が女性の乳房を吸う。
・タンパク質の元を与えられる

交接時に男が女の右足の小指を吸う。
・左脳の働きを良くする

4

最高の女性とは、深い智恵を持ち、悟り、超能力を持っているほか、性的魅力を備えている女性。

赤ちゃんは母親から「血と肉」を、父親から「神経と骨格」を与えられる。

男性の血液と女性の血液とはちがう。

男性は女性から肉体の栄養をもらい、女性は男性から生命の気をもらう。

## 若さとみずみずしさを保つには

女性の膣の入口から5センチのところに、女性ホルモンの出るスイッチがある。ここを刺激してスイッチを入れる。

男性との交接で興奮すると、いっそうホルモンが出る。

男性の亀頭に住んでいる「クンダリーニの蛇」が目覚めたとき、すべての機能の働きをするスイッチが、男女お互いに入る。

このとき、とくに女性のコンピュータが作動し、生体情報を保持、伝達する。

核酸が左脳へ働きかけるので、いつまでも健康で若々しくいることができる。ただし、この働きをすることができるのは、男女が心より交接したときだけである。

もっとも重要なことは、種に栄養を与え、花を咲かせ、実（子ども）をなすことである。そのすべてが、神秘の目合《まぐわい》なのである。

万物が陰（男）と陽（女）で成り立っている以上、夫婦で仲良くバランスを取って、未来のために、実（子ども）を生み育てよう。

人間の持つ性エネルギーは、一般に考えられているよりはるかに強力で、男女の交接は非常に高い、神のレベルの霊的領域にまで作用する。

# これよりは、女性の時代となる

## 1

神は原子でプラズマであり、如来、観音、菩薩は分子であり塩である。分子の働き、御役によって、石のなか、つまり惑星に分けられ育てられる。

**赤い玉とユダヤの秘宝について**

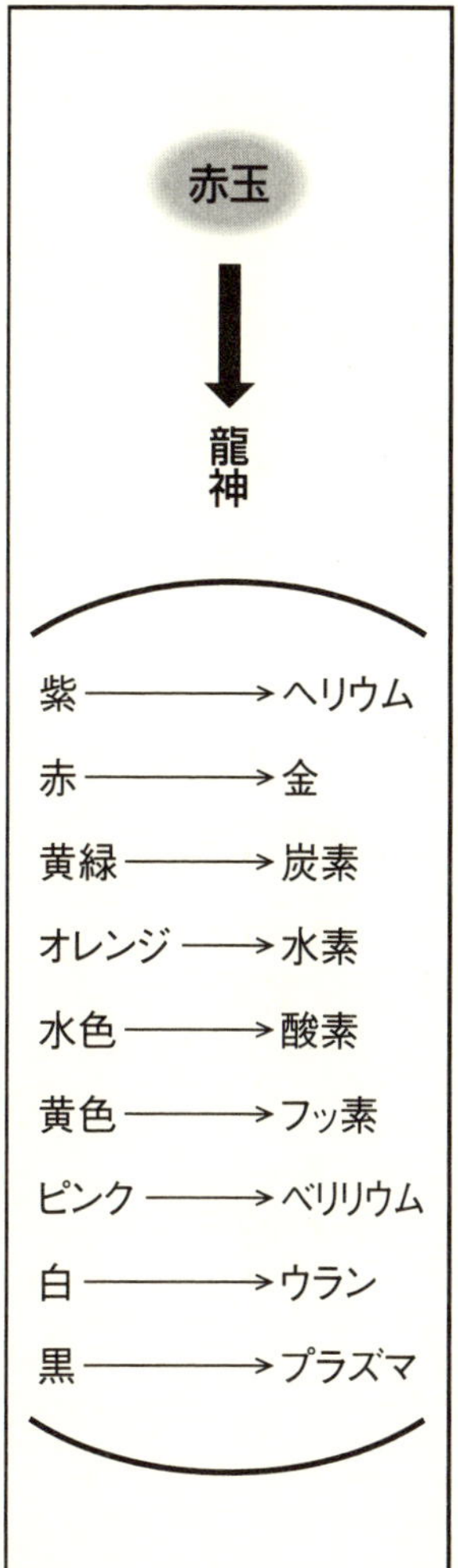

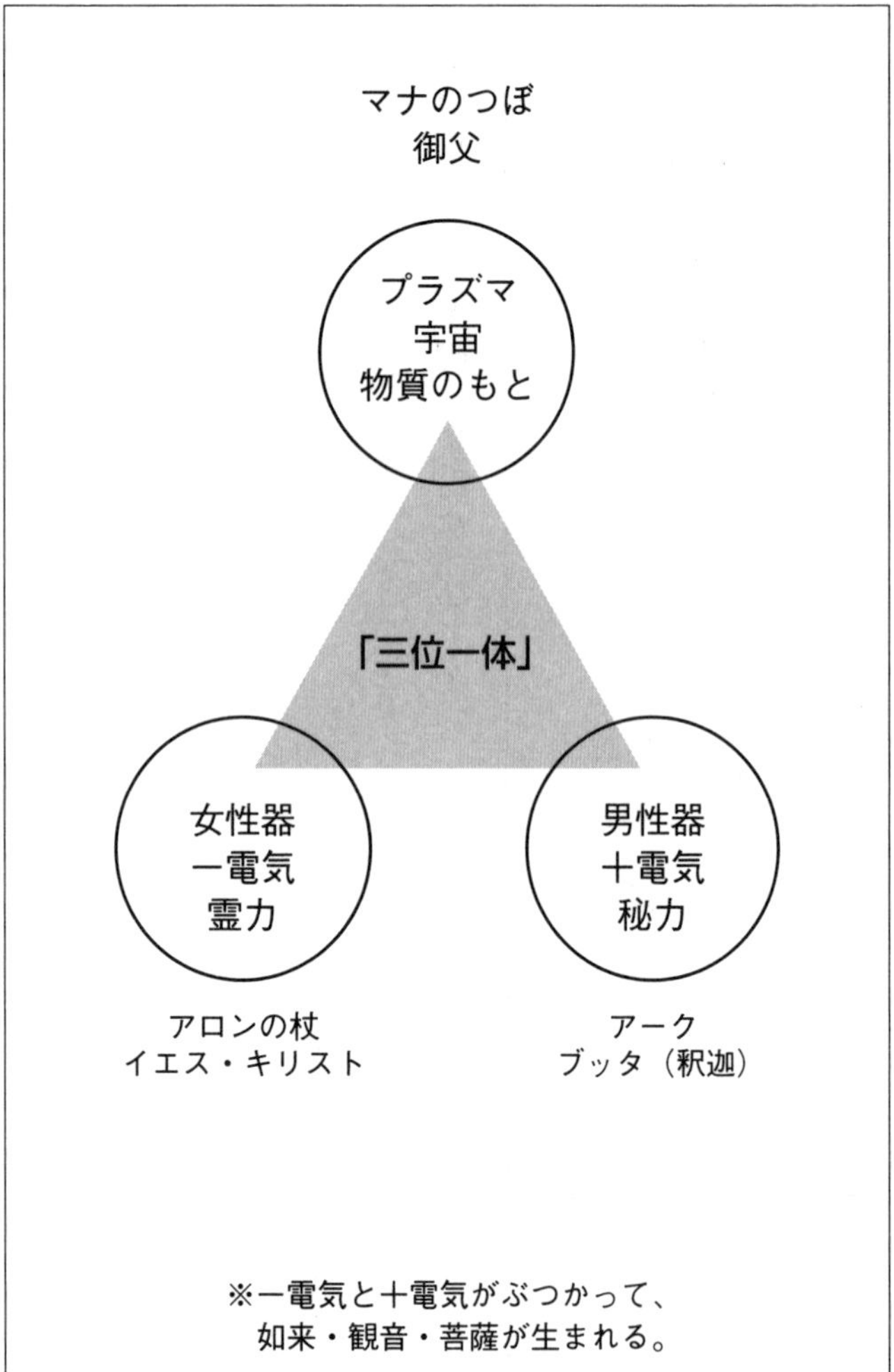
マナのつぼ
御父
プラズマ
宇宙
物質のもと
「三位一体」
女性器
一電気
霊力
男性器
十電気
秘力
アロンの杖
イエス・キリスト
アーク
ブッタ（釈迦）
※一電気と十電気がぶつかって、
如来・観音・菩薩が生まれる。

## 2　神の子

地球の中心から連なる無色透明の糸状の神霊元子《コエノコ》，（天之御中主大神）である。

極微点《ココゴ》の連珠糸《サヌキ》を6万本集めたものを、1人分の玉の緒として、人間の原型が生成された。

その玉の緒に、天照皇大神が魂精髄（タマ＝陰の働き）を、スサノウが魄精髄（ハク＝陽の働き）を注入して熟成させ、人体をつくった。

根源人類は、風（プラーナ）、火（熱）、水（生命）、土（パワー）の4種類のヒエラルキーがある。そのうち、上位3種は石化して巨石（惑星）となり、完熟すると、その石を破って星となり、地球に生まれる。ゆえに、ひとつひとつの石には顔がある。

神の子のすべて（男女とも）は、星である。
星は塩でできているので、魂の食べものは塩である。
星の死骸が、地球の石となっている。

ユダヤの秘宝から生まれるものは、
「マナの壷」より、如来、観音、菩薩と呼ばれている魂、
「アロンの杖」より、永久エンジン、石油に変わる宇宙エネルギー、
「アーク」より、どんな病気をも完治させてしまう生命の水と４つの御玉、
である。
４つの御玉は、「神聖なる４」とも呼ばれ、世界改造時と世界終末時の祭

祀に、大神がご使用になる。

## 3　女性の時代となる

いまから日本は１００年間、月の時代、女性の時代になる。ここで言う「女性」とは、神人合一した人のことであり、肉体は女（石）、魂は男（水）である。

地球を生んだのはスサナルの女神であり、もの生むはじめは女性である。病んでしまった地球を元に戻すのも、人類の立て直しをするのも、女性である。

日本の女性は、昔から「カミさん」と呼ばれていた。

その昔からの女性枢軸主義に戻るべきである。

出口王仁三郎いわく、

「母性愛というものは、本当に人を動かすことができる。愛ひとつで世界を引っくり返すこともできる。悪神を常に言霊《ことだま》（女性の子宮に仕掛けてある、秘めたるコトダマ）の力で和らげ、退散させてしまうのである。天の岩戸の鍵を握れるものは瑞《ずい》（水）の御玉なり」

妻であり、母でもある月神（女神）の力によって、太陽神（男神）が復活するともいわれている。

さあ、本物の女神のツキをもらおう。

女性天皇、女性首相、女性社長の時代がはじまる。

4

**すぐにでも起きそうな恐るべきこと**

渋谷に10カ所大きな穴があく（地震ではない）。
SARSが大阪より発生、日本中に広がっていく。
北朝鮮が北海道に入り、東京へと攻めてくる。
北朝鮮のミサイルが東京駅へ落ちる。
外国の地震により津波が発生（九州、四国、紀伊半島、東海）。

**そのあとで起きること**

世界がひとつになって日本に攻めてくる。

「世界がひとつになって、神の国に攻め寄せて来る」ことは、すでに日月神示で明らかにされたが、イラク戦争は、そのひとつの形を示したものである。日本とは違うが、やはり神の国であるイラクを多国籍軍が攻めているがごとくに、日本は攻められることになる。

外国で大地震が起き、ユダヤ勢力が日本へ移住してくる。これは、世界に散らばっているユダヤ勢力が、日本に基盤をつくっているためである。

これらのことが重なり、日本という国がなくなってしまうくらいまで続くのである。

愛知県の豊橋から、立て直しがはじまる。

# おわりに

もうあなたの運命は決まっています。

切り離されていた天と地がひとつになり、天の岩戸は開きました。いまからは自分の岩戸を開くことです。

地底にいたムー人も目覚めましたので、因縁の肉体の後に着きました。出雲族（ムー人）といわれる人です。

長き世にわたり、天国文明を建設しようと歩んできた歴史が幕を閉じようとしています。そして「新つの世」地上天国の建設が始まるのです。

良くも悪くも、すべて絶対神の御心のままの歴史でした。これからは、神に選ばれし神の子が、本当のミロクの世を築いていくのです。

イエス・キリストは言われました。

「我また新しき天と新しき地を見たり。これ前の天と前の地は過ぎ去り、海もまたなきなり」

新しくなった自分と神とが一体となって、よろこびをもって、未来に向かって進んで行くのです。

きっと出雲族の人が、あなたを神のもとへ連れていってくれるでしょう。

みどりの髪をなびかせ
風に乗って駆けてくる　ほほえみを浮かべ
幸せを運んできた
神の御手を差しのべて　光の輪をつくり
みんなに与える　幸せの輪を
そこに集う人々に
与えよ　与えよ　幸せを

未来の御子　神の子よ

神の島　大神の司る神の島
天に向かって
海に向かって
ひびけ　ひびけ
雷に乗って
届け　届けよ　神のおたけびを

眼をさませ　眼をさませ
地の声　天の声　海鳴りの声
近いぞ　近いぞ

身を清め　心静かに
大神の声に耳を貸す
嵐が過ぎ去れば　花も咲き　小鳥も歌う

忠告
桜の花はピンク
桜はお酒好き
毛虫は美しいものをけなし　蹴落とす象徴

毛虫は　醜い争いから這い上がり
上に立って美しい蝶となるが　それは仮面である
「虫がつく」という言葉には
人から無視されるという意味もある

見るのはいいが
花見でお酒を飲むのは御法度である
花より団子がいいのである

梅の花のピンク
梅は心を癒す
神の花　立春
これこそが　春の象徴である
出発、はじまり、共に歩む花である

## 参考文献

『出口王仁三郎　三千世界大改造の真相』中矢伸一
『日月神示　神一厘のシナリオ』中矢伸一

**ヤワウサ カナ**（霊能者・神の地上経論代行総責任者）

昭和24年２月26日、愛知県新城市豊島で「天地根本大祖神」の御魂を持って生まれる。

神の地上経綸代行責任者となるためにいろいろな経験をさせられ、1999年２月11日に代行者としてはじめて目覚めた。

その後、封印されていたエネルギーを使って大立て直しをするために日本中をまわり、結果、2005年２月26日に天と地がひっくり返った。

前世は出口王仁三郎。

「神理」を伝え、地上天国の建設のために活動していくことを使命としている。


著者へのお問い合せはFAXのみにて受けつけております。

「光の会」宛　0533-89-2579〈FAX〉

**神の封印は解かれた**

2005年6月20日　初版第１刷発行
2006年1月５日　初版第２刷発行

著　　者　ヤワウサ カナ
発 行 者　韮澤 潤一郎
発 行 所　株式会社 たま出版
〒160-0004　東京都新宿区四谷4－28－20
☎03-5369-3051（代表）
http://www.tamabook.com
振替　00130-5-94804

印 刷 所　神谷印刷株式会社


ISBN4-8127-0188-0 C0011